Deutscher Iaido Bund e.V. (Hrsg.)

Visualisierung der Prüfungskriterien des ZNKR-Iai (Chakuganten)

Idee und Umsetzung von Rudi Müller
Illustrationen von Leona Dürhager

Visualisierung der Prüfungskriterien
des ZNKR-Iai
(Chakuganten)

Idee und Umsetzung von Rudi Müller
Illustrationen von Leona Dürhager
Deutscher Iaido Bund e.V. (Hrsg.)

Bibliografische Information der Deutschen Nationalbibliothek: Die Deutsche Nationalbibliothek verzeichnet diese Publikation in der Deutschen Nationalbibliografie; detaillierte bibliografische Daten sind im Internet über http://dnb.dnb.de abrufbar.

Idee und Umsetzung: Rudi Müller
Illustrationen: Leona Dürhager
Umsetzung für den Buchdruck: Ralf Bonnekoh

Verlag: BoD · Books on Demand GmbH, In de Tarpen 42, 22848 Norderstedt,
bod@bod.de

Druck: Libri Plureos GmbH, Friedensallee 273, 22763 Hamburg

ISBN: 978-3-7693-1430-4

Inhaltsverzeichnis

VORWORT

„Ein Bild sagt mehr als tausend Worte" ist ein etwa 100 Jahre altes Sprichwort, das einem japanischen Philosophen zugeschrieben wird.

Der Text der Prüfungskriterien ist nicht einfach zu lesen, was bei einer Übersetzung aus dem Japanischen nicht verwundert. Übersetzt man wörtlich, versteht kaum jemand, was gemeint ist; übersetzt man frei, läuft man Gefahr, sich vom eigentlichen Sinn zu entfernen.

So entstand die Idee, die sogenannten chakuganten, wir nennen sie Prüfungskriterien, zu visualisieren. Auf einen Blick (oder zwei) kann man die wesentlichen Kriterien erfassen.

Sicher gibt es eine Menge an weiteren Themen, über die auf den 4 Seiten im Zen Ken Ren Iai Kommentar aufgelisteten 40 Prüfungskriterien hinaus. Aber das sollte nicht als Ausrede vorgeschoben werden, die Prüfungskriterien entsprechend zu würdigen und zu erlernen. Die Komiteemitglieder der Zen Nihon Kendō Renmei haben sicher ihre triftigen Gründe gehabt, warum sie genau diese Punkte als Ergänzung hinzugefügt haben.

Auch wenn wir jeden Sommer von unseren japanischen Lehrern vermittelt bekommen, dass sich einige Techniken verändert haben, so ist allen High Grades mittlerweile klar, dass dies nicht die Gültigkeit des Zen Ken Ren Iai Kommentars tangiert. Änderungen dienen dazu, Fehlentwicklungen entgegenzuwirken, gefährliche Techniken zu minimieren oder auch Bewegungsabläufe für Anfänger zu vereinfachen.

Die nachfolgenden Grafiken sollen ausschließlich dazu dienen, die Prüfungskriterien einfacher zu erlernen. Dieses Heft kann keinen Unterricht ersetzen. Einzelne Punkte (a, b, c usw.) beinhalten manchmal zwei bis drei Hinweise. Deshalb wurde mit Unterpunkten gearbeitet (a1, a2 usw.), die einer Grafik zugeordnet sind.

Ich wünsche nun allen Iaidōka, ob Prüfling oder Wettkämpfer, insbesondere allen Übungsleitern, Prüfern und Wettkampfrichtern, dass es ihnen mit diesem Heft leichter fällt, die Prüfungskriterien zu verinnerlichen.

Euer
Rudi Müller

DANKESWORTE

Mein ganz besonderer Dank geht an die Zeichnerin dieser wunderschönen Grafiken und ihre Ausdauer, wenn sie um die x-te Verbesserung gebeten wurde
– Leona Dürhager.

Danke auch an die Vorstandschaft des DIaiB, im Besonderen den Vizepräsidenten, Ralf Bonnekoh, für seine Aufgeschlossenheit dem Projekt gegenüber und die finanzielle als auch marketing-technische Unterstützung.

Nicht zuletzt danke ich meinen beiden Komiteemitglieder, Sylvia Ordynsky, kyōshi 7. dan und Wim van Mourik, renshi 6. dan für ihren Einsatz bei den Korrekturlesungen.

Stegaurach, 01.07.2024

Rudi Müller, Iaidō kyōshi 7. dan

DIE BEURTEILUNG DES ZEN NIHON KENDŌ RENMEI IAI

Die Prüfungskriterien

Sahō (reihō)

Wird das festgelegte Verhalten der Etikette ausgeführt? *(siehe im Zen Ken Ren Iai Kommentar auf den Seiten 17 bis 25.)*

1. Form mae

a) Wenn gezogen wird, wird genügend sayabiki ausgeführt?
b) Wird mit dem Gefühl, als ob man entlang des linken Ohrs nach hinten sticht, das katana über den Kopf hochgenommen?
c) Hängt die kissaki beim Hochnehmen über den Kopf nicht tiefer als die Waagerechte?
d) Wird ohne Pause abwärtsführend geschnitten?
e) Ist die kissaki nach dem abwärtsführenden Schneiden ein wenig tiefer (als die Waagerechte)?
f) Ist die allgemeine Tendenz von chiburi richtig?
g) Wird nōtō richtig ausgeführt?

2. Form ushiro

a) Während der Prüfling sich wendet, wird gleichzeitig das katana gezogen; wird der linke Fuß etwas nach links energisch aufgesetzt?
b) Wird richtig durch die Schläfe des Gegners durchgezogen?

3. Form ukenagashi

a) Wird der Oberkörper in der ukenagashi-Position in eine geschützte Körperhaltung gebracht?
b) Wird der linke Fuß in Richtung des rechten Fußes nach hinten zurückgezogen und ein kesa-Schnitt gemacht?
c) Stoppt die linke Faust vor dem Bauchnabel, ist die kissaki etwas tiefer *(als die Waagerechte)*?

4. Form tsukaate

a) Trifft das tsukagashira genau in den suigetsu des Gegners?
b) Wird beim Stich zum hinteren Gegner der rechte Ellbogen gestreckt, dreht und drückt die linke Hand die noch gehaltene koiguchi vor den Bauchnabel?
c) Wird gegenüber dem vorderen Gegner, während das katana *(aus dem Gegner)* gezogen und über den Kopf hochgenommen wird, gerade nach vorne geschnitten?

5. Form kesagiri

a) Wenn umgekehrt kesa geschnitten und das katana gedreht wird, befindet sich die rechte Faust oberhalb der rechten Schulter?
b) Wird ein durch das kesa geführtes chiburi gemacht, wobei gleichzeitig der linke Fuß zurückgezogen wird und die linke Hand die koiguchi greift?

6. Form morotetsuki

a) Wird bis zum Kinn geschnitten, wenn durch den Kopf des Gegners diagonal rechts durchgezogen wird?
b) Während das katana in chūdan und der hintere Fuß zum vorderen gebracht wird, wird dann mit Genauigkeit in den suigetsu gestochen?
c) Wird das katana beim Ziehen *(aus dem Gegner)* in der ukenagashi-Weise *(siehe Fußnote 46 im Zen Ken Ren Iai Kommentar auf Seite 39)* über den Kopf genommen?

7. Form sanpōgiri

a) Wird bis zum Kinn geschnitten, wenn zum rechten Gegner gezogen wurde?
b) Wendet sich der Prüfling, zum linken Gegner und wird ohne Pause von gerade nach vorne abwärts führend geschnitten?
c) Nachdem das katana in der ukenagashi-Weise *(siehe Fußnote 46 im Zen Ken Ren Iai Kommentar auf Seite 39)* über den Kopf genommen und geschnitten wurde, befindet sich das katana in der Waagerechten?

8. Form ganmenate

a) Wird mit dem tsukagashira richtig zwischen die Augen gestoßen?
b) Befindet sich die rechte Faust gegenüber dem hinteren Gegner richtig auf der rechten Hüfte *(über dem Hüftknochen angelegt)*?
c) Hat sich der Prüfling vollkommen zum hinteren Gegner gewendet, ist die linke Ferse beim Stechen etwas angehoben?
d) Wird der Stich aus einer geraden (wörtlich: nicht L-förmigen) Stellung der Füße heraus ausgeführt?

9. Form soetetsuki

a) Wenn der Prüfling durch das rechte kesa durchgezogen hat, befindet sich die rechte Faust in Höhe des Bauchnabels, ist die kissaki etwas höher als die rechte Faust?
b) Befindet sich die linke Hand in der Mitte der Klinge? Ist die Klinge zwischen Daumen und Zeigefinger geklemmt und befindet sich die rechte Faust auf der rechten Hüfte? *(über dem rechten Hüftknochen)*
c) Wenn in den Bauch gestochen wird, stoppt die rechte Faust vor dem Bauchnabel?
d) Wird beim zanshin der rechte Ellbogen gestreckt *(wörtlich: nicht gebogen)*, ist die rechte Faust nicht höher als die rechte Brust?

10. Form shihōgiri

a) Wird bei tsukaate stark und genau mit der Griffbreitseite zugeschlagen?
b) Wird nach sayabiki der Bereich des monouchi an die linke Brust angelegt und präzise zum suigetsu gestochen?
c) Wenn gestochen wird, wird die noch gehaltene koiguchi vor den Bauchnabel gebracht und kann der Prüfling die linke Hand komplett eindrehen?
d) Wird das katana über waki no kamae über den Kopf geführt?

11. Form sōgiri

a) Wenn das katana nach oben gezogen und ausgeholt wird, wird dies mit der ukenagashi-Methode ausgeführt?
b) Wenn geschnitten wird, wird okuriashi *(den vorderen Fuß nach vorne bewegen und sofort den hinteren Fuß folgen lassen)* ausgeführt?
c) Wenn der Hüft-/Bauchbereich geschnitten wird, ist die hasuji (Linie der Schneide, Schnittlinie) korrekt horizontal?

12. Form nukiuchi

a) Nachdem das katana nach oben gezogen wurde, ist der linke Fuß ausreichend zurückgesetzt?
b) Nachdem das katana nach oben gezogen wurde, ist die Position der rechten Hand in der (Körper-)Mittellinie?

a)   Wenn gezogen wird, wird genügend sayabiki ausgeführt?

b)   Wird mit dem Gefühl,

als ob man entlang des linken Ohrs nach hinten sticht,

das katana über den Kopf hochgenommen?

c)   Hängt die kissaki beim Hochnehmen über den Kopf

nicht tiefer als die Waagerechte?

d)   Wird ohne Pause abwärtsführend geschnitten?

e)   Ist die kissaki nach dem abwärtsführenden Schnitt

ein wenig tiefer *(als die Waagerechte)*

f)   Ist die allgemeine Tendenz von chiburi richtig?

g)   Wird nōtō richtig ausgeführt?

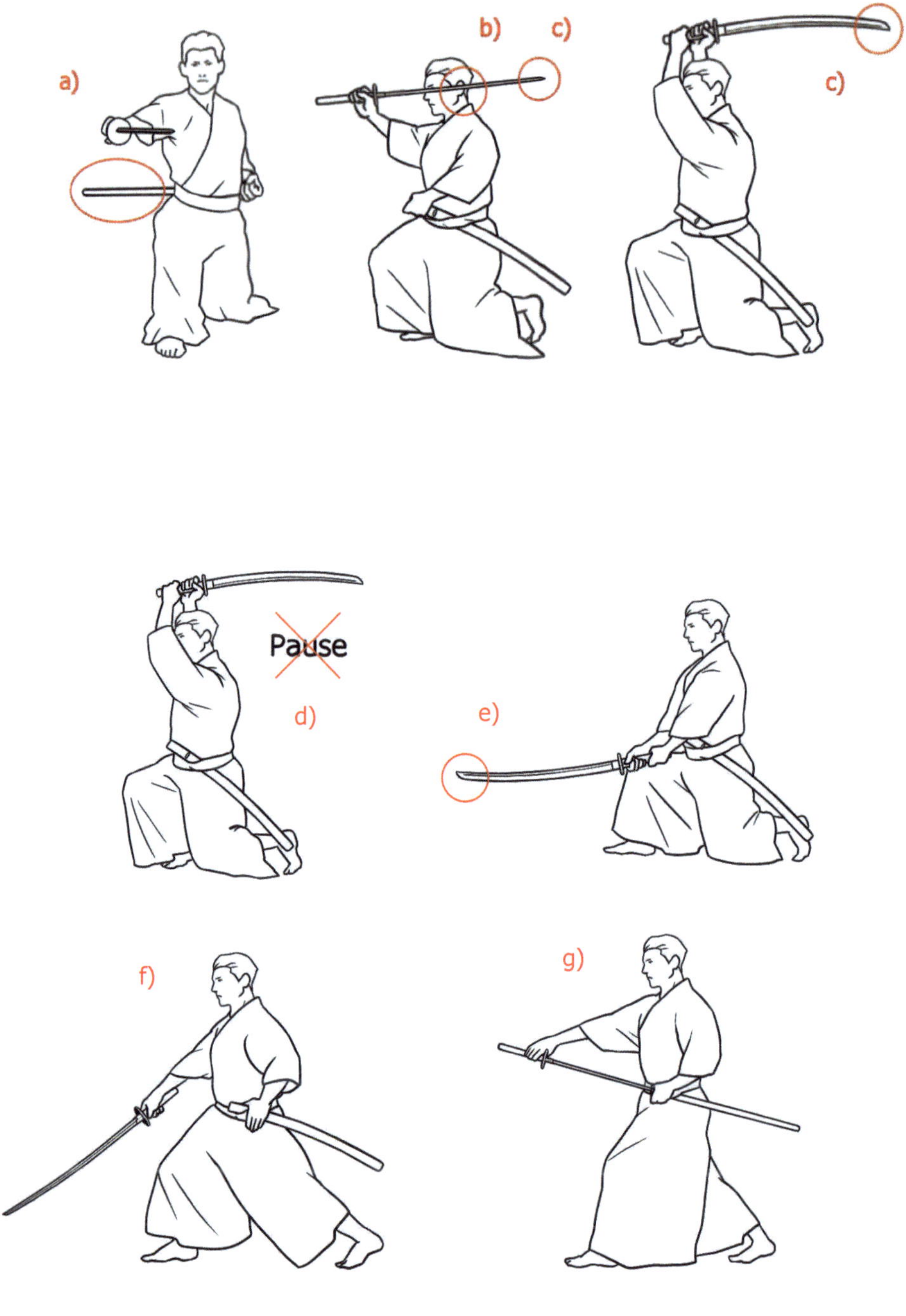

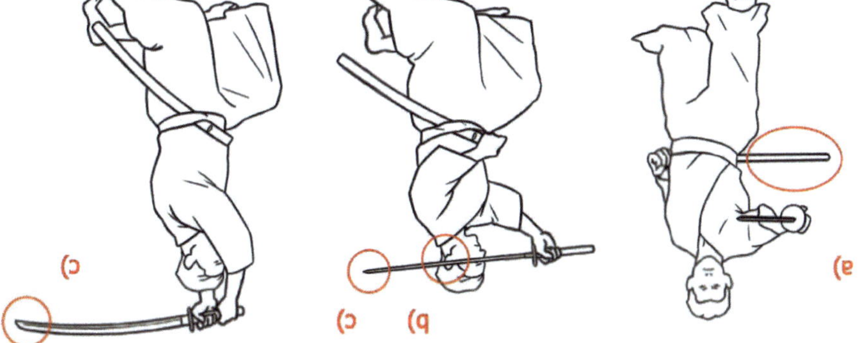
Pause

2. Form ushiro

a)

a1) Während der Prüfling sich wendet,

wird gleichzeitig das katana gezogen;

b) Wird richtig durch die Schläfe des Gegners durchgezogen?

a2) wird der linke Fuß etwas nach links

energisch aufgesetzt?

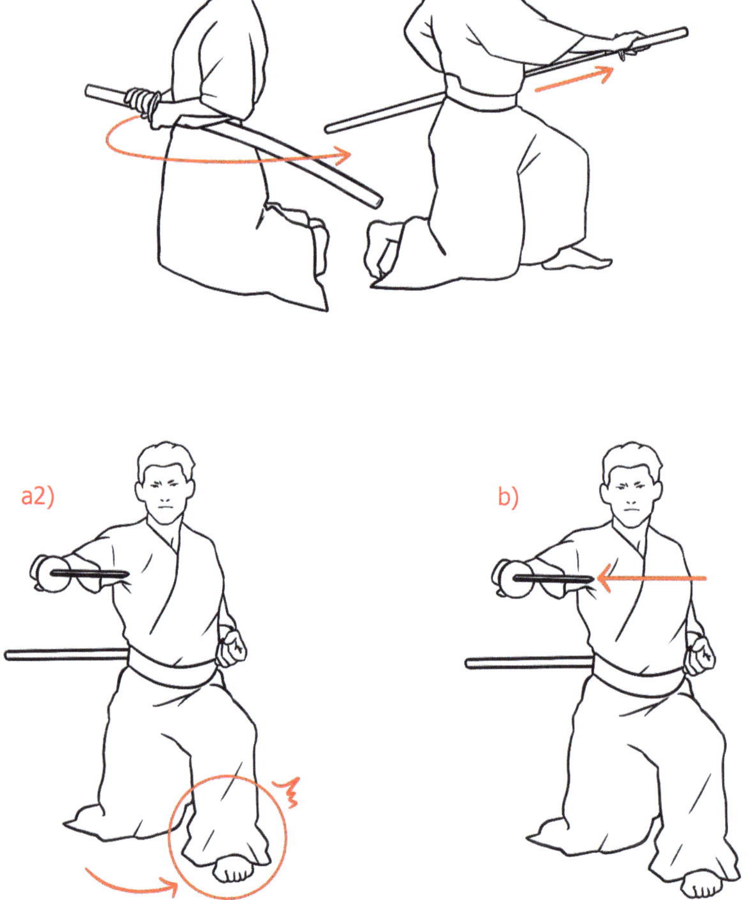
a)
a1)
a2)
b)

3. Form ukenagashi

a)   Wird der Oberkörper in der ukenagashi-Position

in eine geschützte Körperhaltung gebracht?

b)

b1)   Wird der linke Fuß in Richtung des rechten Fußes

nach hinten zurückgezogen *(siehe 1-2-3)*

b2)   und ein kesa-Schnitt gemacht?

c)   Stoppt die linke Faust vor dem Bauchnabel,

ist die kissaki etwas tiefer *(als die Waagerechte)*?

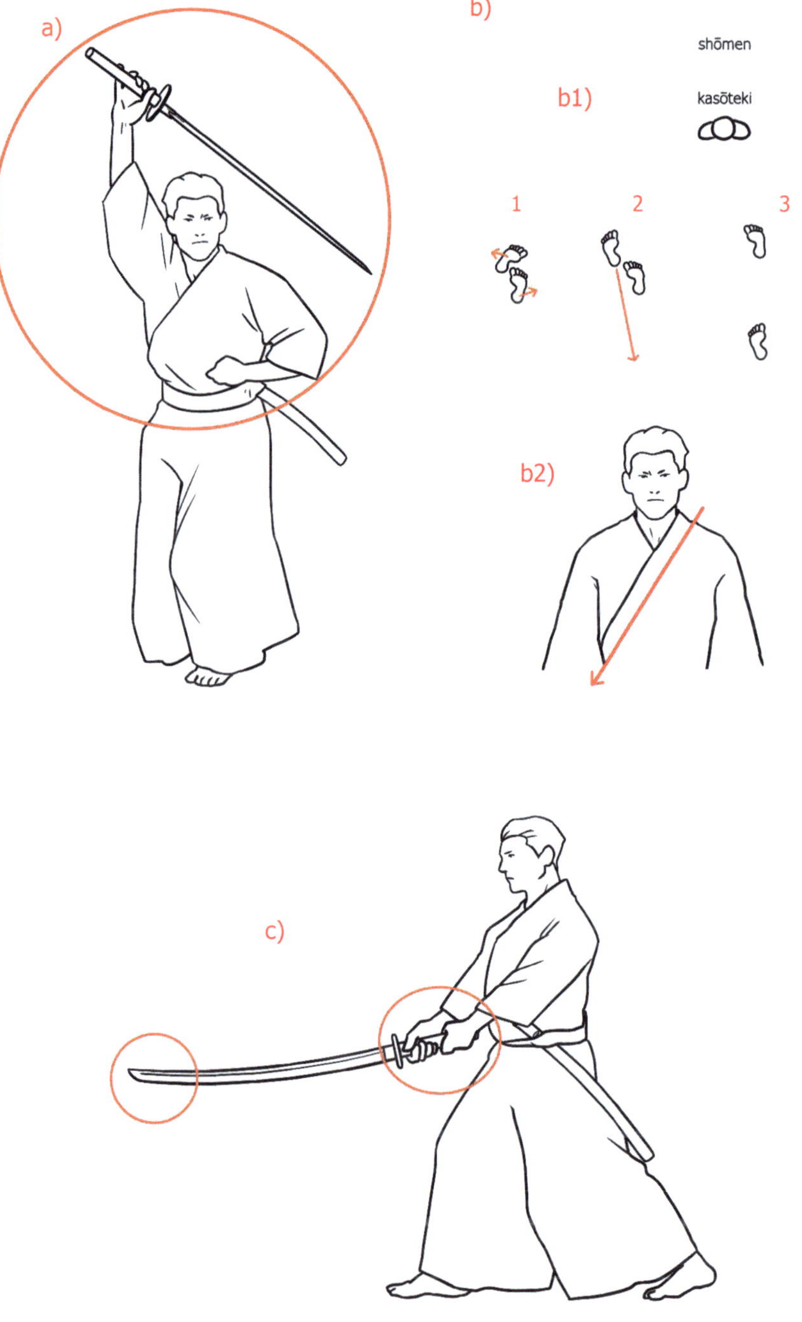
a)
b)
shōmen
kasōteki
b1)
1
2
3
b2)
c)

4. Form tsukaate

a)   Trifft das tsukagashira genau in den suigetsu des Gegners?

b)

b1)   Wird beim Stich zum hinteren Gegner
der rechte Ellenbogen gestreckt,

b2)   dreht und drückt die linke Hand
die noch gehaltene koiguchi vor dem Bauchnabel?

c)   Wird gegenüber dem vorderen Gegner,
während das katana *(aus dem Gegner)* gezogen
und über den Kopf hochgenommen wird,
gerade nach vorne geschnitten?

a)
b)
b1)
b2)
c)

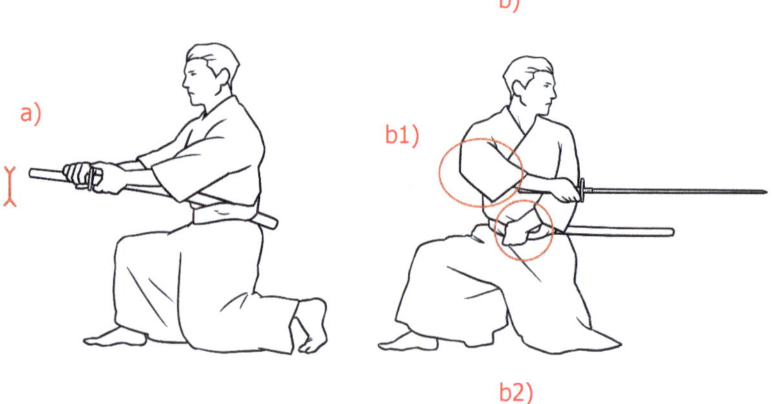

5. Form kesagiri

a)

a1) Wenn umgekehrt kesa geschnitten

und das katana gedreht wird,

a2) befindet sich die rechte Faust

oberhalb der rechten Schulter?

b)

b1) Wird ein durch das kesa geführtes chiburi gemacht,

b2) wobei gleichzeitig der linke Fuß zurückgezogen wird
und die linke Hand die koiguchi greift?

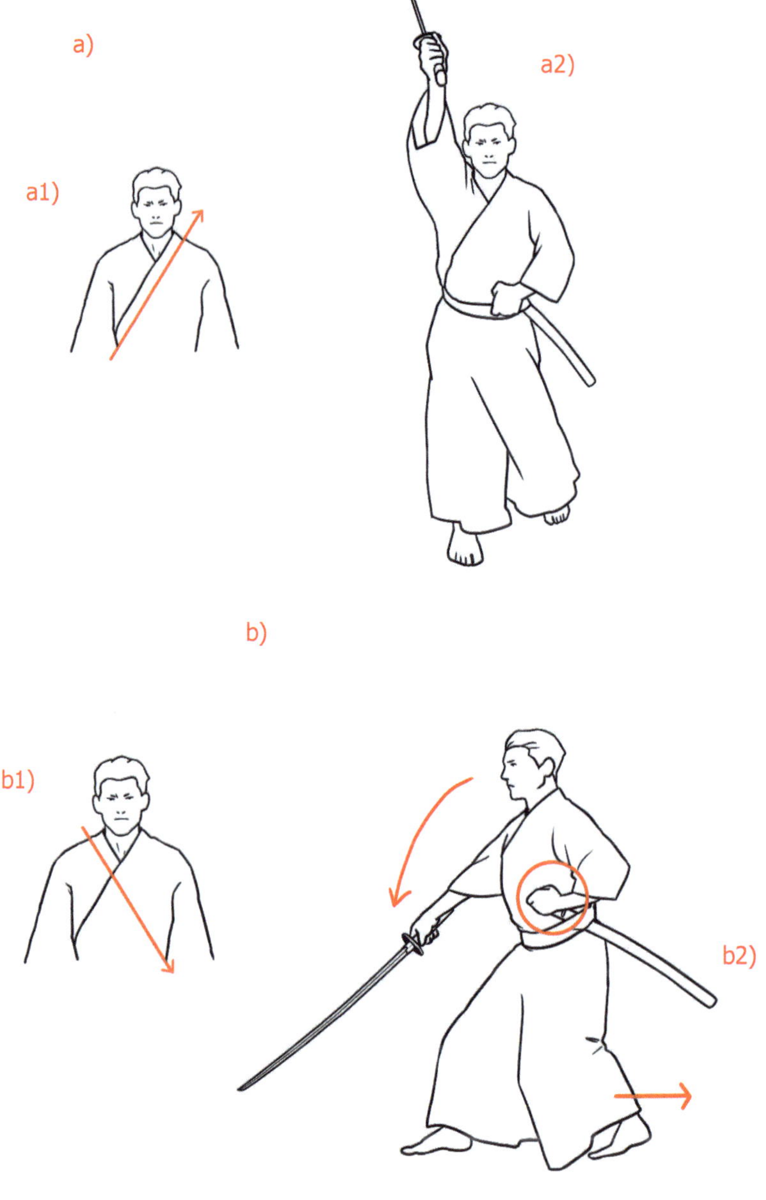
a)
a1)
a2)
b)
b1)
b2)

6. Form morotetsuki

a)

a1) Wird bis zum Kinn geschnitten,

a2) wenn durch den Kopf des Gegners

diagonal rechts durchgezogen wird?

b)

b1) Während das katana in chūdan

und der hintere Fuß zum Vorderen gebracht wird,

b2) wird dann mit Genauigkeit in den suigetsu gestochen?

c) Wird das katana beim Ziehen *(aus dem Gegner)*

in der ukenagashi-Weise *(siehe Fußnote 46*

im Zen Ken Ren Iai Kommentar auf Seite 39)

über den Kopf genommen?

a)
a2)
a1)
b)
b1)
b2)
c)

7. Form sanpōgiri

a)   Wird bis zum Kinn geschnitten,

wenn zum rechten Gegner gezogen wurde?

b)

b1)   Wendet sich der Prüfling, zum linken Gegner

und wird ohne Pause

b2)   von gerade nach vorne abwärts führend geschnitten?

c)

c1)   Nachdem das katana in der ukenagashi-Weise

(siehe Fußnote 46 im Zen Ken Ren Iai Kommentar auf Seite 39)

über den Kopf genommen und geschnitten wurde,

c2)   befindet sich das katana in der Waagerechten?

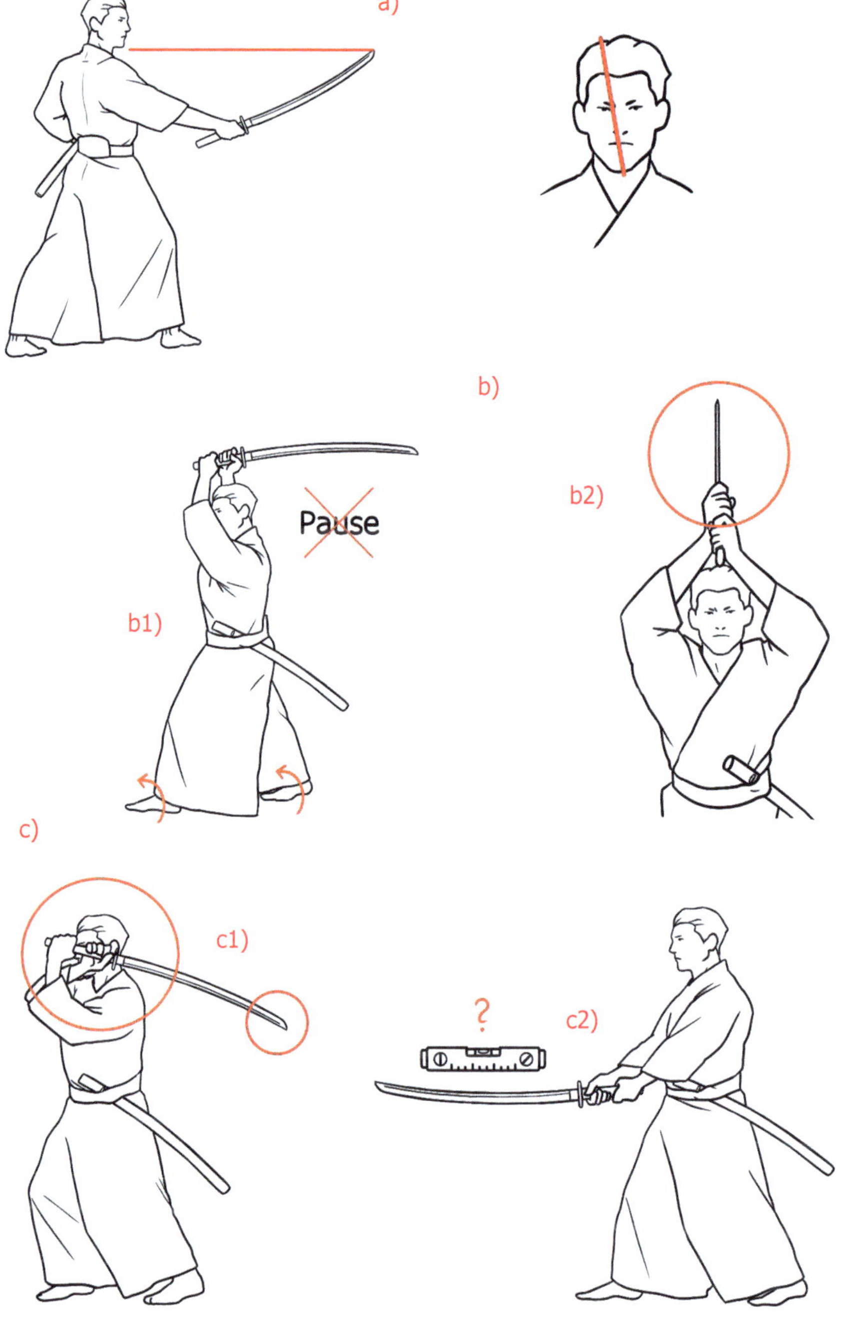

a)
b)
b1)
b2)
Pause
c)
c1)
c2)
?

8. Form ganmenate

a)   Wird mit dem tsukagashira richtig
zwischen die Augen gestoßen?

b)   Befindet sich die rechte Faust
gegenüber dem hinteren Gegner richtig auf der rechten Hüfte
(über dem Hüftknochen angelegt)?

c)   Hat sich der Prüfling vollkommen zum hinteren Gegner
gewendet,
ist die linke Ferse beim Stechen etwas angehoben?

d)   Wird der Stich aus einer geraden *(wörtlich: nicht L-förmigen)*
Stellung der Füße heraus ausgeführt?

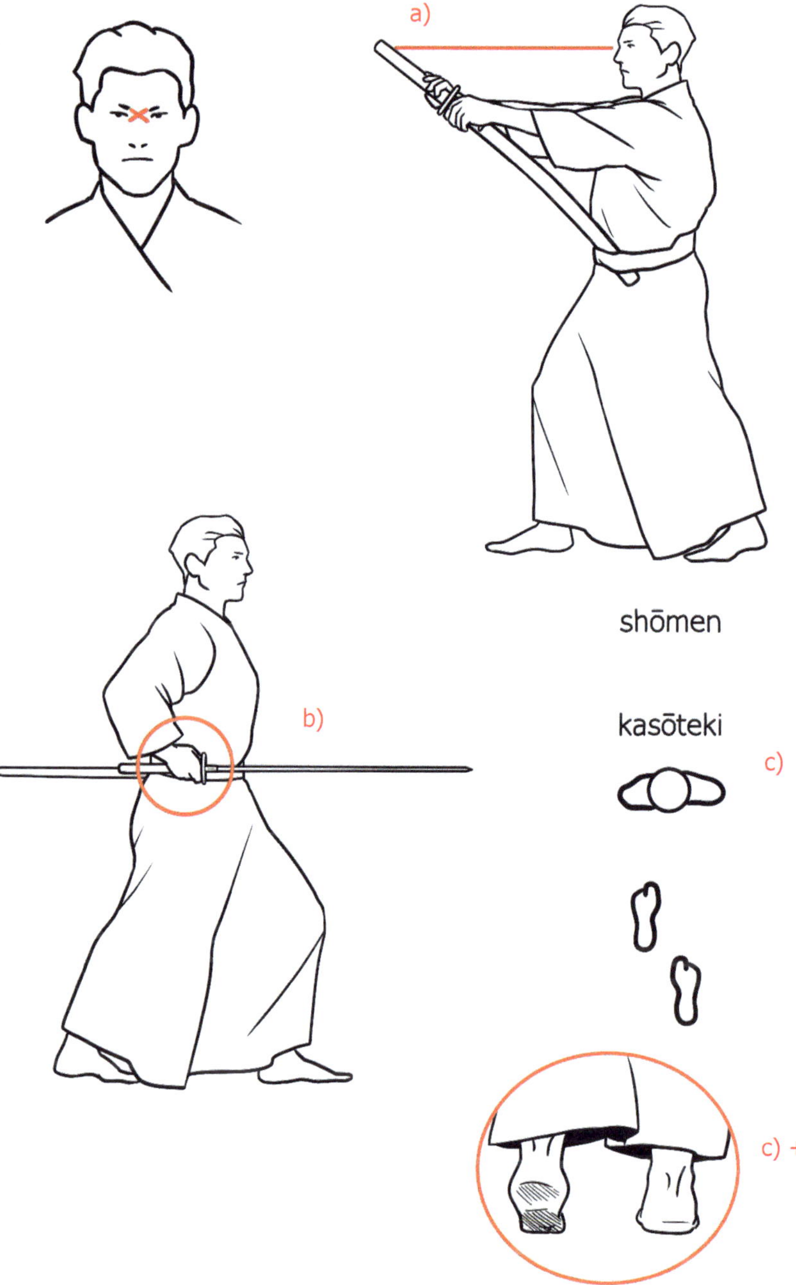

a)
b)
shōmen
kasōteki
c)
c) + d)

9. Form soetetsuki

a)

a1)   Wenn der Prüfling durch das rechte kesa durchgezogen hat,

a2)   befindet sich die rechte Faust in Höhe des Bauchnabels,

ist die kissaki etwas höher als die rechte Faust?

b)

b1)   Befindet sich die linke Hand in der Mitte der Klinge?

b2)   Ist die Klinge zwischen Daumen und Zeigefinger geklemmt

b3)   und befindet sich die rechte Faust auf der rechten Hüfte?

(über dem rechten Hüftknochen)

c)   Wenn in den Bauch gestochen wird,

stoppt die rechte Faust vor dem Bauchnabel?

d)   Wird beim zanshin der rechte Ellenbogen gestreckt

(wörtlich: nicht gebogen),

ist die rechte Faust nicht höher als die rechte Brust?

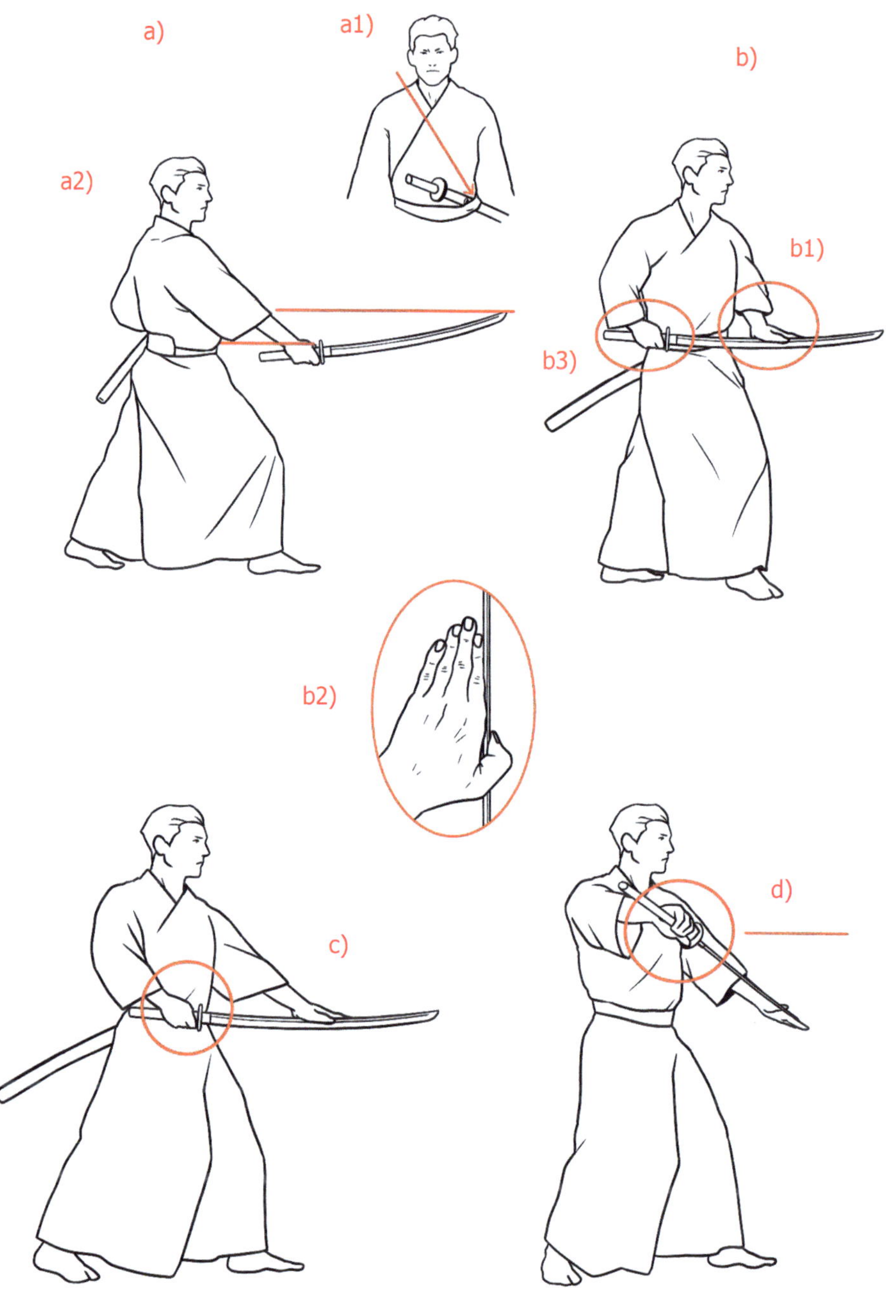

a)
a1)
a2)
b)
b1)
b3)
b2)
c)
d)

10. Form shihōgiri

a) Wird bei tsukaate stark und genau

   mit der Griffbreitseite zugeschlagen?

b)

   b1) Wird nach sayabiki der Bereich des monouchi

   an die linke Brust angelegt

   b2) und präzise zum suigetsu gestochen?

c) Wenn gestochen wird, wird die noch gehaltene koiguchi

   vor dem Bauchnabel gebracht

   und kann der Prüfling die linke Hand komplett eindrehen?

d) Wird das katana über waki no kamae über den Kopf geführt?

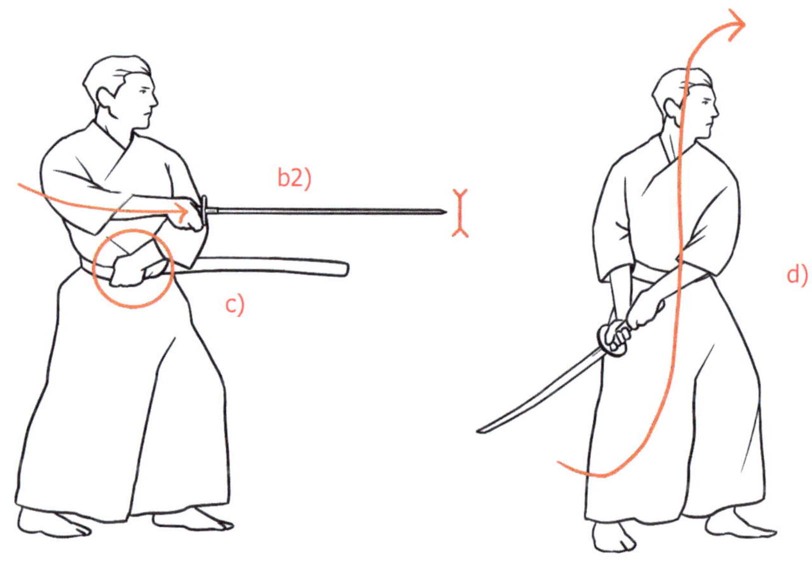
a)
b)
b1)

b2)
c)
d)

11. Form sōgiri

a)   Wenn das katana nach oben gezogen und ausgeholt wird,
wird dies mit der ukenagashi-Methode ausgeführt?

b)   Wenn geschnitten wird, wird okuriashi *(den vorderen Fuß
nach vorne bewegen und sofort den hinteren Fuß folgen lassen)*
ausgeführt?

c)   Wenn der Hüft-/Bauchbereich geschnitten wird,
ist die hasuji *(Schnittlinie)* korrekt horizontal?

a)
b)
c)
?
12 1
11
10
9
3
8
4
7 6 5

12. Form nukiuchi

a)   Nachdem das katana nach oben gezogen wurde, ist der
     linke Fuß ausreichend zurückgesetzt?

b)   Nachdem das katana nach oben gezogen wurde, ist die
     Position der rechten Hand in der (Körper-)Mittellinie?

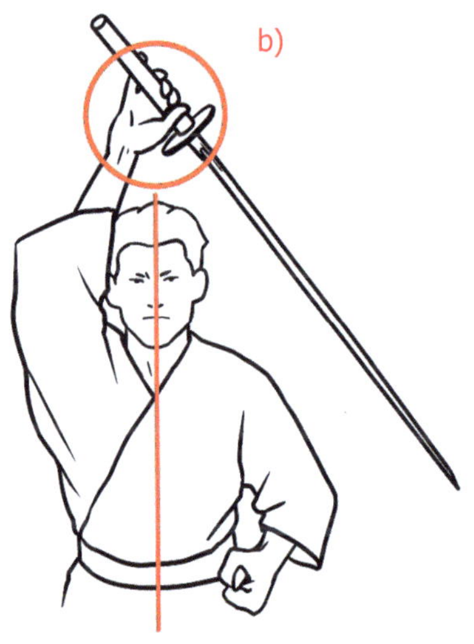

a)

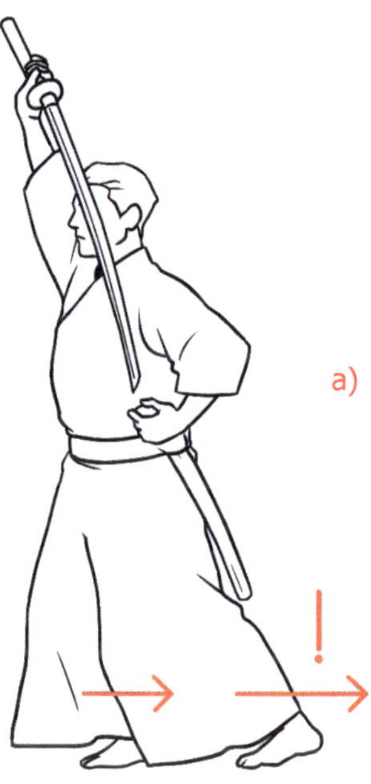

b)